ATELIER

Gustave PINEL

Paris - 1897

IMPRIMERIE MAULDE et RENOU

MAULDE, DOUMENC & Cie

IMPRIMEURS DE LA COMPAGNIE DES COMMISSAIRES-PRISEURS

Rue de Rivoli, 144. — Paris

CONDITIONS DE LA VENTE

La vente sera faite au comptant.

Les Acquéreurs paieront CINQ POUR CENT en sus des adjudications.

MAULDE, DOUMENC et Cie, imprimeurs de la Cie des Commissaires-Priseurs,
rue de Rivoli, 144.   150c—63941

VENTE

Du Samedi 27 Février 1897, à 3 heures

HOTEL DROUOT, SALLE N° 1

Mᵉ LÉON TUAL	**MM. J. CHAINE et SIMONSON**
COMMISSAIRE-PRISEUR	EXPERTS
56, rue de la Victoire, 56	19, rue Caumartin, 19

CHEZ LESQUELS ON TROUVE LE CATALOGUE

EXPOSITION PARTICULIÈRE

GALERIE DES ARTISTES MODERNES

RUE CAUMARTIN, 19

Les Mercredi 24 et Jeudi 25 Février 1897

De 10 heures à 5 heures

EXPOSITION PUBLIQUE

HOTEL DROUOT, SALLE N° 1

Le Vendredi 26 Février 1897

De 1 heure 1/2 à 5 heures 1/2

Gustave PINEL

Dans une lettre qu'il m'adressait de Tunisie, — la dernière lettre que j'aie reçue de lui, — Gustave Pinel m'annonçait qu'il allait rapporter en France tout son travail de la saison ; il voulait en faire une exposition particulière ; il voulait, pour la seconde fois. appeler le public à juger son œuvre et ses progrès ; et, s'écartant pour un instant de cette extrême modestie, que je lui avais si souvent reprochée, il m'avouait qu'il était satisfait de ce qu'il rapportait. Hélas! le pauvre garçon n'aura pas eu la joie de mettre à exécution des projets qui lui tenaient à cœur.

De retour à Paris, il fut atteint d'un mal qui devait l'emporter rapidement. et il est mort, peu de temps après l'ouverture du Salon. où deux belles toiles de lui étaient exposées.

A tous ceux qui avaient approché Gustave Pinel,

cette mort prématurée a causé une douleur sincère. C'est que Pinel était un ami confiant et sûr, une de ces âmes restées neuves, que les longs séjours là-bas, en Tunisie, en face du soleil, avaient empêchée de s'étriquer aux petitesses des concurrences contemporaines. N'ayant pas le souci de faire parler de lui, se tenant pour satisfait d'un petit nombre d'amitiés fidèles, il s'était donné tout entier à son art, à son rêve, à ses recherches d'expression de nature.

Il avait débuté par la peinture décorative ; mais cela ne répondait pas à ses aspirations ; il s'était alors tourné vers le pittoresque des plages, et il avait rapporté de Normandie des toiles où il avait harmonisé au découvert des grèves, battues par une vague mourante, la silhouette grave et lente des pêcheuses de moules et des ramasseuses de varech, hâlées par le souffle salé du large, et vieillies avant l'âge.

Plus tard, sa santé s'était altérée, et il était allé demander au soleil d'Afrique le remède ambiant des chaudes journées et des nuits claires. Et voilà qu'en même temps qu'il renaissait à la vie, ses yeux s'ouvraient à une vision nouvelle : son âme s'enivrait d'une poésie jusque-là insoupçonnée d'elle : Pinel, qui à Paris était toujours entouré, toujours causant, toujours *sociable* par besoin d'échanger des pensées, et par goût d'affabilité naturelle, Pinel, dans son oasis de Tunisie, éprouvait une joie intense à se retrouver seul, à marcher de longues heures le long des ruisseaux desséchés à errer dans l'ombre des tombes des cimetières silencieux, où les prières semblent s'envoler des pierres blanches, aux pesanteurs mystérieuses ; à se reposer dans les caves fraîches, qui s'éclairent de vibrations d'air bleu.

A mesure qu'il pénétrait plus avant dans la civilisation tunisienne, à mesure que son observation mieux préparée lui révélait les véritables caractères du pays où il avait installé son chevalet, sa manière prenait plus de force et plus de vérité, plus de séduction et plus de solide franchise. Depuis quelques années, sans bruit, il s'était haussé au premier rang de nos orientalistes : il avait conquis la notoriété, il allait à grands pas aux succès retentissants qui font la renommée...

La mort l'a frappé au détour du chemin !

J'ai fait le pèlerinage de son atelier ; j'ai voulu revoir, là-bas, à l'extrémité de l'avenue de Clichy, la petite maison où, chaque année, il rapportait, au printemps, son travail d'Afrique : toutes ses études et ses derniers tableaux, irradiant de soleil et de lumière, semblaient une ironie à la tristesse qui nous étreignait. Il y avait tant de joie, tant de confiance, tant d'espérance dans ces œuvres aux notations claires, où l'artiste affirmait avec un talent aujourd'hui indiscuté, sa belle intelligence d'un pittoresque où il s'était senti développé, d'un infini où il s'était profondément ému !

Ce sont ces tableaux, ce sont ces études qui sont ici catalogués. On va les disperser au hasard des enchères : tous ces morceaux, qui portent pour ainsi dire des parcelles d'âme de celui qui n'est plus, vont aller se classer aux hasards des collections.

A ceux qui auront la joie de les posséder, je veux répéter que la mort de Pinel a fait un vide dans les rangs de notre école française d'orientalistes; Pinel avait su, par l'habitude du travail sous le ciel de la Tunisie, et par son impressionnabilité, heureusement sollicitée devant le spectacle de cette nature aux imprévus luxuriants, il avait su donner à ses interprétations une marque bien personnelle, qui se défiait des violences exagérées, et se tenait en garde contre d'affadissantes atténuations : toujours il garde la mesure qui lui semble être l'expression la plus sensible de la vérité, et sa sagesse, qui ne manque ni d'accent ni d'énergie, s'enveloppe de poésie et, disons-le, d'inspiration singulièrement élevée.

Pinel était vraiment un artiste et, s'il laisse une œuvre inachevée, on peut déclarer hautement que son œuvre existe, capable de défendre son nom contre l'oubli.

L. ROGER-MILÈS.

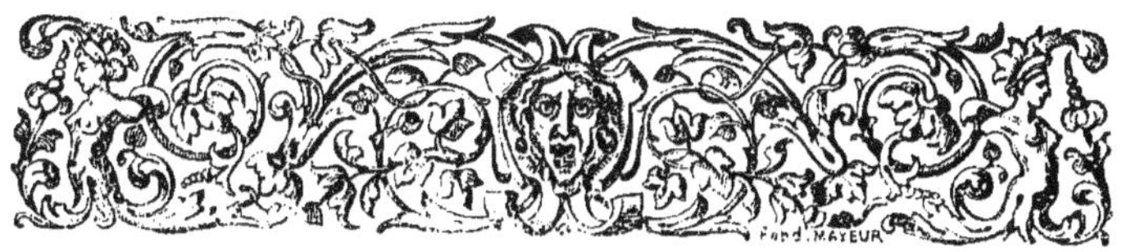

DÉSIGNATION

1 — *La Provision de bois dans le Sud algérien.*

L. 2ᵐ. H. 1ᵐ40.

2 — *Le Soir à Gabès; Tunisie.*

L. 2ᵐ. H. 1ᵐ40.

3 — *Chameaux au repos.*

L. 0ᵐ93. H. 0ᵐ59.

4 — *Campement dans le Sud algérien.*

L. 0ᵐ93. H. 0ᵐ65.

5 — *Arrivée d'une caravane.*

L. 0ᵐ93. H. 0ᵐ60

6 — *La Rivière blanche; El Kantara.*

L. 0ᵐ93. H. 0ᵐ66

7 — *Les Laveuses à El Kantara.*

L. 0ᵐ93. H. 0ᵐ66.

8 — *Les Laveuses à Gabès; Tunisie.*

L. 0^m46. H. 0^m55

9 — *Laveuses à Sidi Barka.*

L. 0^m47. H. 0^m55.

10 — *L'Oued d'El Kantara.*

L. 0^m44. H. 0^m56

11 — *Intérieur à El Mside; vieux Biskra.*

L. 0^m38. H. 0^m46.

12 — *Marchands de légumes à El Kantara.*

L. 0^m38. H. 0^m47.

13 — *Intérieur à El Kantara.*

L. 0^m38. H. 0^m46.

14 — *Intérieur à El Kantara.*

L. 0^m38. H. 0^m47.

15 — *Intérieur à Djara; Tunisie.*

L. 0^m38. H. 0^m46.

16 — *Femme faisant le couscous.*

L. 0^m46. H. 0^m38.

17 — *Rue Rouge à El Kantara.*

L. 0^m39. H. 0^m46.

18 — *Kairouan; Tunisie.*

L. 0^m36. H. 0^m49.

19 — *Village nègre à Biskra.*

L. 0^m38. H. 0^m46.

20 — *Dunes de Biskra sur la route des Zibans.*

L. 0^m55. H. 0^m47.

21 — *Campement; Sud algérien.*

L. 0^m55. H. 0^m38.

22 — *Caravane.*

L. 0^m56. H. 0^m38.

23 — *Campement sur la rive gauche de l'oued Biskra.*

L. 0^m61. H. 0^m38.

24 — *Campement dans le Sud algérien.*

L. 0^m46. H. 0^m33.

25 — *Marabout; oued Gabès.*

L. 0^m55. H. 0^m45.

26 — *En Bretagne; coucher de Soleil.*

L. 0^m55. H. 0^m38.

27 — *Villerville le soir.*

L. 0^m46. H. 0^m33.

28 — *Les Dunes à Biskra.*

L. 0^m41. H. 0^m33.

29 — *Le Soir à Villerville.*

L. 0^m55. H. 0^m33.

30 — *Le Soir en Bretagne.*

L. 0^m23. H. 0^m33.

31 — *Marabout; près El Kantara.*

L. 0^m36. H. 0^m28.

32 — *Marabout.*

L. 0^m28. H. 0^m36.

33 — *Campement à Gabès; Tunisie.*

L. 0^m36. H. 0^m26.

34 — *Le Soir dans le Sud algérien.*

L. 0^m34. H. 0^m46.

35 — *Sentier dans l'Aurès.*

L. 0^m27. H. 0^m19.

36 — *Rue à Sidi Barka.*

L. 0^m19. H. 0^m27.

37 — *Le Désert; Sud algérien.*

L. 0^m44. H. 0^m34.

38 — *La Fontaine chaude; Biskra.*

L. 0^m66. H. 0^m46.

39 — *Sidi Barka.*

L. 0^m46. H. 0^m37.

40 — *Une Huilerie à El Mside.*

L. 0^m56. H. 0^m46.

41 — *Bords de l'Oued; Biskra.*

L. 0^m62. H. 0^m38.

42 — *Gabès le soir; Tunisie.*

L. 0^m66. H. 0^m44.

43 — *El Kantara.*

L. 0^m46. H. 0^m32.

44 — *Campement; Sud algérien.*

L. 0^m30. H. 0^m40

45 — *Campement à Biskra.*

L. 0m65. H. 0m45.

46 — *Fontaine chaude à Biskra.*

L. 0m55. H. 0m38.

47 — *Dunes sur la route des Zibans.*

L. 0m55. H. 0m38.

48 — *Villerville.*

L. 0m32. H. 0m55.

49 — *Campement près de Gabès; Tunisie.*

L. 2m. H. 1m45

50 — *Dans les Dunes à Biskra.*

L. 0m93. H. 0m73.

51 — *Rochers de Concarneau.*

L. 0m62. H. 0m36.

52 — *Femme arabe; El Kantara.*

L. 0m32. H. 0m46.

53 — *Chameaux au repos dans les dunes.*

L. 0m40. H. 0m32.

54 — *Rue ouge, à El Kantara.*

L. 0m27. H. 0m21.

55 — *Rue, à El Kantara.*

L. 0m19. H. 0m27.

56 — *Villerville.*

L. 0m24. H. 0m32.

57 — *Étude.*

L. 0m55. H. 0m38.

58 — Sous ce numéro : Les Études et Esquisses, non cataloguées.

59 — Grand Paravent en noyer sculpté, quatre feuilles, représentant : *Les Quatre Saisons*.

MEUBLES

60 — Grand Meuble crédence en chène sculpté.

61 — Deux Chaises en noyer sculpté.

62 — Quatre Chaises, style Louis XIII, recouvertes en cuir, et garnies de clous en cuivre.

63 — Deux Chaises, style Louis XIII, recouvertes en velours.

64 — Sous ce numéro : Les Chevalets, Meuble d'atelier, etc.

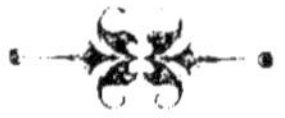

IMPRIMERIE MAULDE, DOUMENC ET C⁶

RUE DE RIVOLI, 144 — PARIS

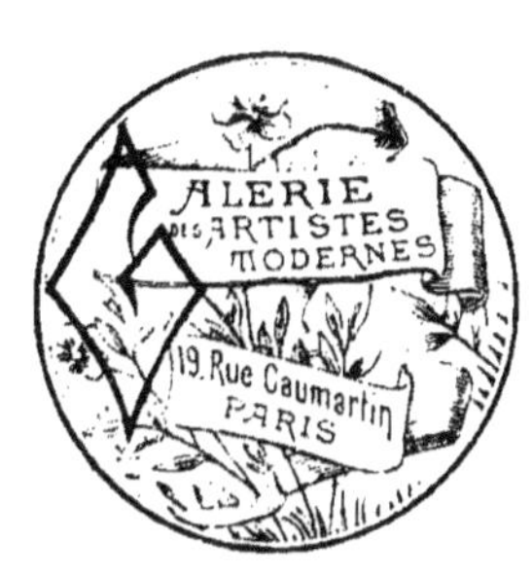

ATELIER

GUSTAVE PINEL

CARTE D'ENTRÉE

A l'Exposition Particulière

GALERIE DES ARTISTES MODERNES

19, Rue Caumartin

LES MERCREDI 24 & JEUDI 25 FÉVRIER 1897

DE 10 HEURES A 5 HEURES

Me **LÉON TUAL,** COMMISSAIRE-PRISEUR. 56, rue de la Victoire.

MM. J. CHAINE ET **SIMONSON,** EXPERTS. 19. rue Caumartin.

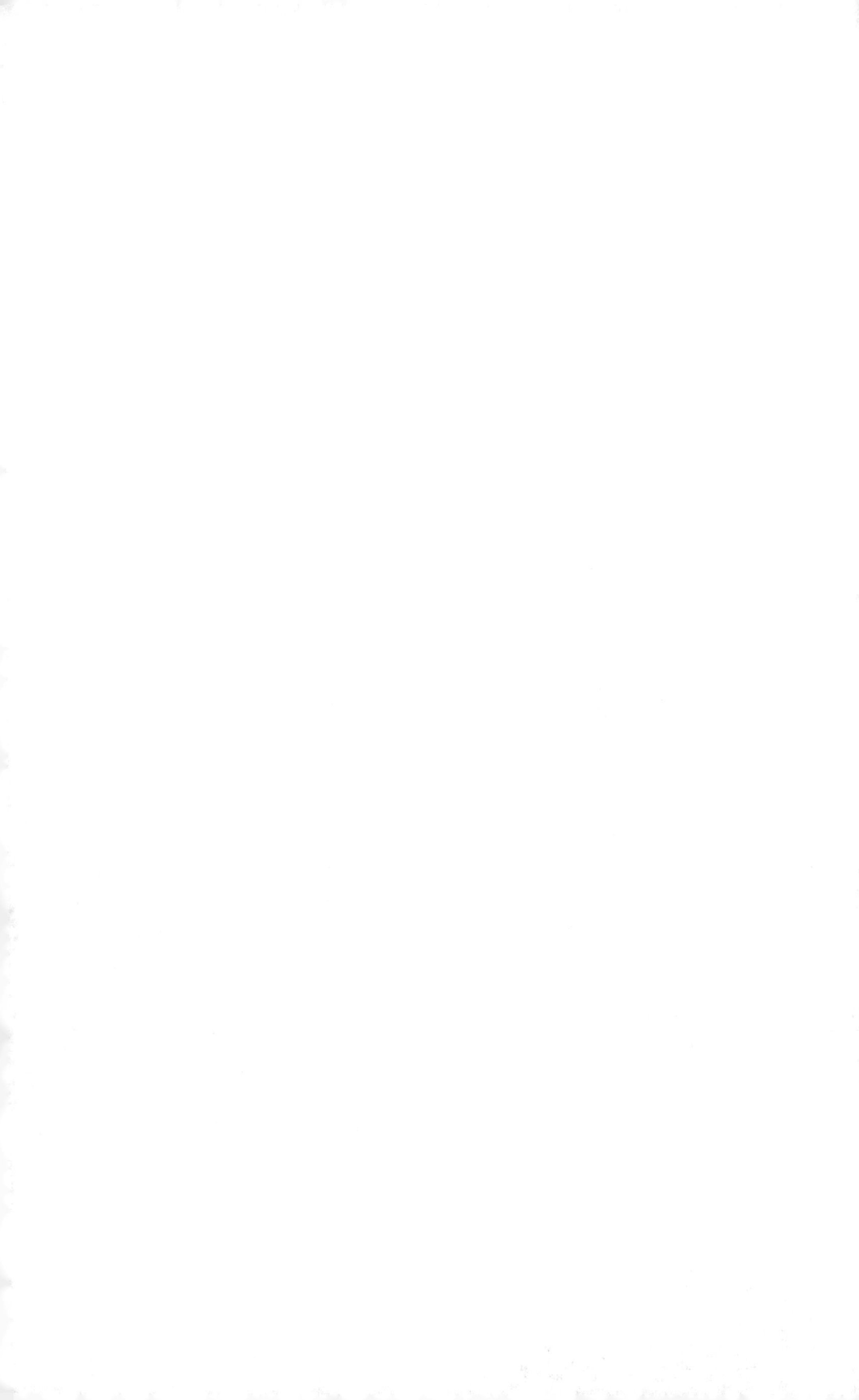

9 782329 520988